Cada amanecer –
Sueño un
mundo mejor

Cada amanecer –
Sueño un
mundo mejor

Haikús

MARCO ANTONIO DOMÍNGUEZ

Para realizar pedidos de este libro, contacte con:
Xlibris
844-714-8691
www.Xlibris.com
Orders@Xlibris.com
837861

Cada amanecer - Sueño un mundo mejor

Haikús

Por

Marco Antonio Domínguez

Fotos:
Amada, Ámbar, Alma y
Aura Domínguez
Editado por Magdalena Domínguez

ÍNDICE

Haikús:

PRÓLOGO

Los Haikús en esta obra comprenden una diversidad de temas. La mayoría responden a reflexiones sobre la naturaleza, cambios climáticos, experiencias personales y mi forma de ver la vida. La mayoría los escribí en la ciudad de Lubbock, Texas y durante mis recorridos por las carreteras de Los Ángeles a Arizona y a Texas. En Lubbock, los cambios climáticos son repentinos. En un mismo día pueden sucederse las cuatro estaciones del año. Esta ciudad, localizada en una planicie al noroeste de Texas, con una población de alrededor de 250,000 habitantes, tiene un gran número de pequeñas lagunas, verdes campos primaverales y campos algodoneros que sirven de refugio y alimentación a una gran cantidad de animalitos silvestres y aves migratorias, especialmente a patos y a gansos canadienses. Con frecuencia, durante la época de lluvias hay vientos huracanados y tormentas eléctricas.

Por las carreteras, acompañado por mi esposa y mis hijas, he tenido la oportunidad de apreciar toda clase de paisajes y relieves terrenales: desiertos, planicies, montañas, valles, playas, etc. He experimentado lluvias, nieve, granizos, carreteras congeladas y tormentas de arena. Temas que intento proyectar en estos Haikús.

DEDICACIÓN

Esta pequeña obra se la dedico con mucho amor a mi hermana menor, Bertha Natalia González Domínguez, fallecida recientemente. Bertha fue siempre mi compañera de juegos en nuestra infancia, mi cómplice, mi confidente y mi apoyo incondicional. Al igual que yo, amaba tanto a los niños, que dedicó su vida a la educación preescolar en un programa de Headstart. Su gran cariño y su compañerismo fueron primordiales en mi formación y en mi amor por las letras. Fue uno de los mejores modelos de amor a la vida y al prójimo para nuestros familiares, amigos y conocidos.

PARTE I

Nubes y lluvias

I

¡Oh, bellas nubes!
Viajeras del espacio,
sembrando sueños.

II

Los vientos soplan.
Aparecen las nubes.
Mi alma suspira.

III

Flotantes nubes,
borreguillos errantes
apacentando.

IV

Nubes celestes,
bombones enmelados,
sabor a cielo

V

Las arrugadas nubes
circulando la tierra
alentando almas.

VI

El azul cielo
tatuado de figuras:
Sonrientes nubes.

VII

Rostro divino,
escondido entre nubes:
Cielo nublado.

VIII

Sobre las nubes,
flotando en el espacio:
Nuestros süeños.

IX

Alimentándose,
nubes de espuma blanca,
de nuestros sueños.

X

Errantes nubes
circulando la tierra
con su blancura.

XI

Las blancas nubes
te engalanan el rostro,
cielo lanudo.

XII

Un manto oscuro
de densas nubes blancas,
abriga mi alma.

XIII

El viento sopla.

Atardecer nublado.

Baño nocturno.

XIV

Agradecida,
después de la tormenta
sonríe la Tierra.

XV

No hace sol.
El cielo está nublado.
Salgo a la calle.

XVI

Nubes en vuelo.

Se ilumina el espacio:

La tierra vibra.

XVII

Estruendo en lo alto:

Relámpagos y truenos,

los nubarrones.

XVIII

Las densas nubes

cubren mi piel morena

con negro manto.

XIX

Los vientos fuertes
amenazan la vida
de la planicie.

XX

Llega la noche.
Empieza a llover.
Se sacude el cielo.

XXI

Cielo nublado.
Mi alma sobrexcitada.
Lluvia anhelada.

XXII

Ya se avecinan,
amenazantes nubes,
sobre las lomas.

XXIII

Nubes viajeras,
saltando por el lomo
de las montañas.

XXIV

Cubren de blanco,
elevadas montañas,
mimosas nubes.

XXV

En las alturas,
se aproximan hermosas.
nubes piadosas.

XXVI

El azul cielo,
tatuado de figuras:
Nubes celestes.

XXVII

A la distancia,
tras alegres montañas,
viene la lluvia.

XXVIII

Feliz suspiro
abrazando las nubes:
fragante lluvia.

XXIX

Lluvia amorosa.
Olor a vida nueva.
Tierra mojada.

XXX

Sueños cautivos
entre las nubes,
con las lluvias, florecen.

PARTE II

Lagunas, nieve, aves silvestres

XXXI

En la laguna
los patos se alimentan,
peces de luna.

XXXII

Los patos nadan
en tus tranquilas aguas,
lago azul.

XXXIII

En la laguna
los patos se zambullen,
peces engullen.

XXXIV

En la laguna,
el agua y la nieve,
comparten cuitas.

XXXV

Nieve primera.
Diciembre sorpresivo.
Sonrisas blancas.

XXXVI

Blanca planicie,
revestida de nieve.
Alegre danza.

XXXVII
Mi alma suspira
cada vez que desciende
la nieve en ella.

XXVIII
Un día perfecto
para un champurradito
bien calientito.

XXXIX
Acogedores,
los campos invernales
nos dan abrigo.

XL
Como no amar
Tan preciado regalo
Caído del cielo.

XLI
¡Cuánta belleza
cubriendo la antesala
de mi hogar!

XLII
Tras mi ventana,
siento la nieve
recorriendo mi cuerpo.

XLIII

¡Hombre de nieve!
Mis manos te formaron
con mucho amor.

XLIV

¡Hola, soy yo!
Gracias al invierno
Vuelvo a la vida

XLV

Si me proteges,
me quedaré en tu casa
todo el invierno.

XLVI

Cansados gansos
pensativos se bañan
al sol radiante.

XLVII

Gélidos vientos.
Se refugian las aves.
Tiempo hostil.

XLVIII

El ave fatigada
de tanto vuelo,
añora el nido.

XLIX
Nieve primera.

Diciembre sorpresivo.

Sonrisas blancas.

L
Pienso invernar

hasta la primavera,

este invierno.

LI
Se fue el otoño:

la caída de las hojas.

Ya llegó invierno

LII

Bullicio en el cielo.

Gansos cientos volando.

Fiesta celeste.

LIII

Llega el invierno.

Escopetas al aire.

Gansos volando.

LIV

Durante el vuelo,

las aves migratorias,

visten de gala.

LV
El ave fatigada
de tanto vuelo,
añora el nido.

LVI
Veloces aves,
entre tormentas,
ansiosas vuelan.

LVII
En el espacio,
dos palomas volando:
Amor celeste.

LVIII

Lubbock, tus parques
Con su vida silvestre
nos brindan paz

LIX

En su regreso,
se despiden los gansos,
en pleno vuelo.

LX

Cada invierno
hay fiesta en las lagunas
tiernas de Lubbock.

PARTE III

Aves, el campo, cambios climáticos

LXI

Ramas espesas,
de árboles frondosos,
atrapan sueños.

LXII

Las ramas crujen.
Los árboles se arquean.
¡Gélidos vientos!

LXIII

Vendrá el otoño.
Las hojas de los árboles
harán gran fiesta.

LXIV

Mis pensamientos,
en la corriente del río,
se van al mar.

LXV

Soplan los vientos.
Los árboles danzan.
Llega el otoño.

LXVI

Reverdecieron,
con las lluvias de junio,
los guamúchiles.

LXVII

La feliz ave,
reposando en su nido,
la noche espera.

LXVIII

Huyen abejas
del atacante humo:
rica miel.

LXIX

Hartas abejas,
del humeante panal,
su miel defienden.

LXX

Tristes panales,
de iracundas abejas,
su miel derraman.

LXXI

Por su panal,
iracundas abejas
la piel me pican.

LXXII

La aurora se asoma.
Cantan los gallos.
Las aves trinan.

LXXIII

De los nogales
se desprenden las nueces:
Fiesta de ardillas.

LXXIV

La milpa crece
Los elotes espigan
Bendita lluvia

LXXV

Canta el ave.
Se regocija mi alma.
Hoy no habrá penas

LXXVI

Nuevos amores
cuando vuelva de nuevo
la primavera.

LXXVII

Los gavilanes
rondan sus nidos.
No se duerman palomas.

LXXVIII
Viento inquieto,
hurtando pajarillos:
Nidos vacíos.

LXXIX
Las hojas secas
zigzaguean por las calles:
Aves en vuelo.

LXXX
Las hojas caídas:
Mariposas finadas.
Colores muertos.

LXXXI
Las hojas caídas.
por el suelo rodando,
desorientadas.

LXXXII
Caídas las hojas.
Los árboles añoran
la primavera.

LXXXIII
Gira su rostro,
hacia la luz del sol,
el girasol.

LXXXIV

Se rompe el alba.

El sol asoma su rostro.

Se ilumina el día.

LXXXV

Se asoma el sol.

Cada amanecer sueño

un mejor mundo.

LXXXVI

Espero amar,

cuando vuelva de nuevo

la primavera.

LXXXVII

Se asoma el alba.

El reloj timbra.

Despierta soñador.

LXXXVIII

Del Cerro Agudo

se asoma el astro rey

cada mañana.

LXXXIX

Un cielo azul,

transparente y profundo,

penetra mi alma.

PARTE IV

Los desiertos

XC
Disfrutando estoy
los espacios abiertos
de los desiertos.

XCI
Mi vista posa
en lejanas montañas
de los desiertos.

XCII
Enorme calma:
Silencio acogedor
de los desiertos.

XCIII

Tu silencio,
desierto de la noche,
paz le da a mi alma.

XCIV

Cactus, pitayos:
Guardianes altivos
de los desiertos.

XCV

Firmes pitayos,
guardianes del desierto,
me tranquilizan.

XCVI

Aves anidan
la verde nopalera.
Tunas contentas.

XCVII

Trinan las aves
en verde nopalera.
Tunas alegres

XCVIII

Invocan lluvia,
los áridos desiertos,
sedientos de agua.

XCIX

¡Autos parados!
Tormentas arenosas
en carreteras.

C

Tardes lluviosas.
Las ramas del desierto
danzan alegres.

CI

Viento ligero,
jugando con mi pelo,
en el desierto.

CII

Los campos te veneran
viento huraño,
huracanado.

CIII
Bajo los matorrales
las liebres, quietas,
en paz se ocultan.

CIV
Bajo las sombras,
de secos matorrales,
reposan liebres.

CV
Como gacela,
cruza el correcaminos
la carretera.

CVI
Bestias salvajes:
Mundo inhóspito, libre,
presente, bello.

CVII
Lago Saguaro:
Los caballos salvajes
beben tus aguas.

CVIII
Las codornices,
entre los matorrales,
hacen sus nidos.

PARTE V

Mar y Tierra

CIX

El mar se mece
en el vientre materno
de nuestra Tierra.

CX

La madre tierra
acaricia a la mar
en su regazo.

CXI

Olas lunares
recorriendo mi cuerpo,
mar de espuma.

CXII

Los mares mecen,
con sus olas azules
los sueños del hombre.

CXIII

Baña la mar
con su oleaje salado
la faz lunar.

CXIV

El mar arrulla,
con su vaivén de olas,
nuestro planeta.

CXV

Planeta tierra,
esfera navideña,
alma del sol.

CXVI

El sol brillante.
Atardecer de ensueño.
El mar, la vida.

CXVII

El astro rey,
Maestro del universo,
mi piel irradia.

CXVIII

¡El mar, la vida!
Respirar la mañana
al aire libre.

CXIX

El mar y el viento
engalanan el vuelo
de las gaviotas.

CXX

Mientras las olas
del mar mecen la tierra,
tomo una siesta.

CXXI
¡Oh, luz de luna!

Mi Cerro Agudo amado.

Cielo estrellado.

CXXII
Brillante luna:

Irradiando la noche,

resplandeciente.

CXXIII
Desde mi infancia,

fuiste mi inspiración

Luna de amor.

CXXIV

Luna redonda.
Alcancía de recuerdos.
Cofre de plata.

CXXV

Luna plateada,
alcancía de recuerdos,
águila o sol.

CXXVI

¡Oh, luna llena!
Con tu brillante rostro
relumbras mi alma.

CXXVII

Los bueyes mansos,
de mi pueblo, han dejado
de arar la tierra.

CXXVIII

En los corrales,
vacas lecheras lamen
sus becerritos.

CXXIX

En el corral,
luna llena plateada,
los toros braman.

CXXX

Altas palmeras
me seducen el alma
con danza airosa.

CXXXI

Con su vaivén,
las esbeltas palmeras,
están de fiesta.

CXXXII

Su talle añade
un color atractivo
al universo.

CXXXIII
En primavera,
te asomaste a mi vida.
¡Oh, juventud!

CXXXIV
Zigzagueando,
mariposas monarcas
colorean aires.

CXXXV
Bello quetzal
del más verde plumaje
antiguo vuelo.

CXXXVI
De mis mejillas,
entre gotas de lluvia,
cae una lágrima.

CXXXVII
Montes rapados
tallados y agrietados,
piel arcana.

CXXXVIII
Voy por la vida
desafiando ventiscas
y vendavales.

CXXXIX
El petróleo,
cercano a los pueblos,
gases mortales.

CXL
Tesoro oculto
En tu arco colorido
¡Oh, bello arco iris!

CXLI
Ciudades luminosas
telegrafiando
desde la tierra.

CXLII
¡Cuánta belleza!
¡Oh, imaginación!
Encierras tú.

CXLIII

Infancia pura.

Viraje de ave en vuelo.

Frescura de alba.

CXLIV

Los campos te veneran

viento huraño,

huracanado.

CXLV

Los tenebrosos

vientos huracanados

me aterrorizan.

CXLVI

Los lobos te aúllan,

luna llena amorosa:

Noche de amor.

PARTE VI

Reflexiones generales

CXLVII

Con sus recuerdos,
me persigue el pasado,
por todas partes.

CXLVIII

Sin ilusiones,
en plena soledad,
muere el hombre.

CXLIX

Viendo el presente,
con los ojos abiertos,
ojeo el pasado.

CL

Mi corazón,
después de tu adiós,
siguió latiendo.

CLI

Amada Amada.
Mi corazón es tuyo,
hasta la muerte.

CLII

Ideas confusas

de formas miles

me trastornan la mente.

CLIII

De joven, nunca

pensé, lo que sería en

mi edad tercera.

CLIV

Cuando me sueño,

me sueño más confuso

que un molusco.

CLV

Con las manos que

armo un rompecabezas,

armo mi vida.

CLVI

Sana niñez,

Corriente de agua clara

Mar cristalina.

LVII

Concluido el poema,
el poeta satisfecho,
quedóse callado.

CLVIII

Alerta roja:
Los pasajeros tiemblan.
Avión en vuelo.

CLIX

Te lo suplico:
-Ya no llores por mí,
Patria querida.

CLX

Doña Marina
rescató a los verdugos.
¡Oh, Noche Triste!

CLXI

Muertos los dioses,
nació de sus cenizas,
la Nueva España.

CLXII

Las tres carabelas
transportaban la muerte.
augurio azteca.

CLXIII

Frontera norte,
barrera infranqueable,
muerte sin fin.

CLXIV

Un proyectil
apagó tu sonrisa,
niño finado.

CLXV

Hombres armados
te hieren el corazón,
¡Oh, Ciudad Juárez!

CLXVI

Con tanta herida,
transitas moribunda,
Tijuana amada.

CLXVII

Somos sureños,
emigrantes en riesgo.
Muertos vagamos.

CLXVIII

Frontera norte:
Cadáveres regados.
Sueños truncados.

CLXIX

Los emigrantes,
hambrientos y sedientos,
en silencio expiran.

CLXX

La muerte te acecha
desde los matorrales.
¡Oh, emigrante

CLXXI

Ardiente Sol.
Emigrantes sin rumbo.
Vidas truncadas.

CLXXII

Un sonar de huesos,
se oye por los desiertos.
¡Oh, luto humano!

CLXXIII

Mi cuerpo añade
un color atractivo
al universo.

CLXXIV

Tarde de otoño.
Tú y yo en la laguna.
Espejo de agua.

CLXXV

Cierro los ojos
y me pongo a soñar.
un mejor mundo.

CLXXVI

En el espejo
Es tan real mi reflejo
Como mis ojos

CLXXVII

No hay nada más bello
que la blancura
de mi plumaje.

CLXXVIII

Nada me falta,

en tu agua cristalina,

Hogar divino.

CLXXIX

Planeta tierra,

esfera navideña,

alma del sol.

CLXXX

Ciudades luminosas

Telegrafiando

desde la tierra.

CLXXXI

Arroyos, vientos,
desiertos, alboradas:
¡Amor divino!

CLXXXII

Cada mañana,
busco en lo alto
la luna llena.

CLXXXIII

Noche de estrellas:
memorias de mi pueblo.
Abrebotellas

CLXXXIV

Siento mis sueños
disiparse al final
de mi vejez.